AF563905

DÉMOCRATIE CHRÉTIENNE

UN GRAIN DE BON SENS

ESQUISSE POLITIQUE DE LA SITUATION

PAR A. MAUREL

PRIX : 50 CENTIMES

LE PRODUIT NET DE LA VENTE SERA VERSÉ DANS L'ŒUVRE DE LA LIBÉRATION DU TERRITOIRE

FOIX

J. FRANCAL, LIBRAIRE-ÉDITEUR

M DCCC LXXII

DÉMOCRATIE CHRÉTIENNE

UN GRAIN
DE BON SENS

FOIX, TYPOGRAPHIE ET LITHOGRAPHIE POMIÈS.

DÉMOCRATIE CHRÉTIENNE

UN GRAIN DE BON SENS

ESQUISSE POLITIQUE DE LA SITUATION

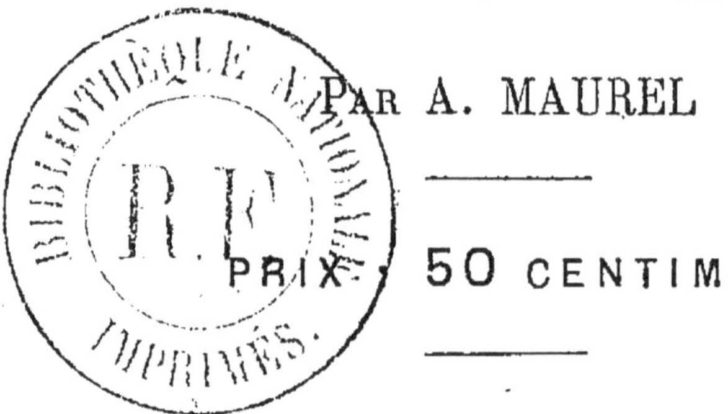

PAR A. MAUREL

PRIX : 50 CENTIMES

LE PRODUIT NET DE LA VENTE SERA VERSÉ DANS L'ŒUVRE DE LA LIBÉRATION DU TERRITOIRE

FOIX

J. FRANCAL, LIBRAIRE-ÉDITEUR

M DCCC LXXII

Au temps où les révolutions n'étaient que des tournois politiques, compétitions dynastiques ou guerres de portefeuilles, je me souviens d'avoir écrit ceci : « Lorsqu'un gouvernement n'est pas en contradiction flagrante avec la morale et le « droit, mieux vaut s'y rallier, le soutenir et le fortifier, ce qui est le moyen de « le rendre meilleur, que s'exposer, en le « renversant, à en avoir un pire. D'ordinaire, à ce jeu, le drapeau change de « couleur, les fonctionnaires de figure, « mais les abus ne changent pas, et ce

« que le pays y gagne, quand par hasard « il n'y perd pas, n'équivaut pas aux « périls de l'aventure. »

Cette appréciation, si souvent justifiée depuis le commencement de ce siècle, est d'autant plus fondée aujourd'hui que la question s'est aggravée et qu'au lieu de la forme c'est du fond qu'il s'agit. Qu'on ne s'y trompe pas, entre l'intérêt conservateur et l'intérêt contraire, ou, pour parler plus clair, entre la possession et la spoliation, c'est un duel à mort, et, à mon avis, ceux-là s'abusent étrangement qui aspirent à s'abriter derrière une monarchie ainsi que dans un port assuré.

Il ne faut pas se le dissimuler, si calme que soit la surface, l'ordre dont nous jouissons est précaire, n'étant dû qu'au concours instinctif des divers éléments du parti conservateur, se mouvant, sans franchise et sans lien, sur le terrain commun de la chose publique qui n'est autre que le régime actuel. Que, par l'avénement d'une des trois monarchies qui prétendent à diriger nos destinées, ce terrain perde son caractère de neutralité, immédiatement le faisceau est rompu, la résistance amoindrie et la partie compromise.

Avec un peu de bon sens, gardons-nous donc de toute mesure qui, par scrupule de coutume ou de souvenir, aurait pour effet de restreindre les soins de la défense, en déférant à un seul la besogne à laquelle le pays tout entier, par ses représentants, peut à peine suffire. En présence de la convoitise effrénée qui se dresse contre nos croyances chrétiennes et le droit social, ce n'est pas du sentiment, c'est de la stratégie et du patriotisme qu'il faut faire, et si la Chambre avait la faiblesse d'abdiquer sa souveraineté devant un danger aussi imminent, elle assumerait la responsabilité d'incalculables malheurs, et l'histoire, dont elle est justiciable, l'accuserait de désertion.

En attendant que, la pénitence aidant, Dieu daigne assister la France dans ses épreuves et ses humiliations, le devoir des honnêtes gens, monarchistes ou républicains, est de s'unir sincèrement pour la défense commune, parce que, avant tout, il faut vaincre, sous peine de nous résigner au second terme du terrible dilemme qui est, non pas d'être mangés, comme l'a dit le *Figaro*, ce qui évidemment est une exagération, mais égorgés, pillés, incendiés, cela s'est vu.

L'intention de prévenir le renouvellement de ces crimes a seule dicté les pages qui suivent, ce qui me fait espérer de ceux-là même dont je combats les illusions que si, après avoir lu cet écrit et l'avant-projet de constitution élective qui en est l'application, ils n'en approuvent pas la doctrine, du moins ils n'en mésestimeront pas l'auteur.

DÉMOCRATIE CHRÉTIENNE

In hoc signo vinces.

Pour qui ne borne pas ses observations aux cabarets de Belleville ou aux salons dorés du faubourg Saint-Germain, il est évident qu'à l'heure présente, le Pays n'est pas plus républicain dans le sens passionné du mot, qu'il n'est monarchiste. A force de voir tomber des souverains et des républiques, les uns après dix-huit ans au plus, les autres après autant de mois, il est devenu sceptique, et, las de révolutions et de restaurations stériles, sa seule aspiration actuelle est d'être administré économiquement, honnêtement et avec sûreté.

⁂

Qui trouverait un procédé gouvernemental conforme à ces dispositions, aurait résolu le problème social le plus important du moment, car il rallierait à sa solution tous les vrais patriotes, c'est-à-dire, tous ceux qui mettent l'intérêt national au-dessus de leurs préférences dynastiques ou républicaines.

⁂

Disons-le tout de suite, et du reste le légitime effroi de la Chambre devant le semblant de retraite de M. Thiers l'a suffisamment démontré, au point où est la France, aucune royauté n'y est possible aujourd'hui. Quel prince oserait accepter une tâche si lourde ? Aux Prussiens ou à d'autres nous devons encore des milliards [1], et déjà nous sommes aux abois. Or, pas plus le comte de Chambord, qu'un d'Orléans ou un Napoléon ne pourrait ramener avec lui l'or disparu, ni payer pour nous aux échéances prochaines, et, dans ce cas, on oublie trop que, lorsque le peuple est dans la gêne, c'est toujours au roi qu'il s'en prend. C'est un service à rendre aux prétendants et à leurs partisans que de le leur rappeler. Nous avons tous contribué au mal, c'est à nous tous d'y porter remède.

[1] Une simple réflexion : Notre budget, depuis plusieurs années, se tarife à plus de deux milliards. Déduisant un quart de ce chiffre pour les revenus douaniers et autres chapitres qui, sujets à réciprocité, ne pourraient être profitablement révisés, il resterait encore, au moins, quinze cent millions susceptibles d'être augmentés de 50 pour. cent, article par article. Qui paie dix francs en paierait quinze, qui en paie mille en paierait quinze cents. Cela ne ruinerait personne, et l'excédant qui en résulterait, joint aux impôts nouveaux et à d'autres que la justice et l'opinion réclament, balancerait presque, au bout de trois ans, notre dette prussienne que, d'une façon ou d'autre, il faut bien que nous payons. Le moyen me paraît tout simple. Peut-être est-ce à cause de ça qu'on n'y a pas songé.

Ce remède quel sera-t-il, que devront être nos tendances? Tel a été l'objet de mes recherches dont je viens soumettre le résultat à l'approbation des hommes modérés de tous les partis.

Quant aux exaltés et aux fanatiques, qu'ils soient rouges ou blancs, mon ambition ne va pas jusqu'à espérer les convaincre. Qu'il s'agisse de bure ou de velours, les lisières ne sont pas mon affaire et c'est en pleine étoffe que, jugeant la monarchie désormais impuissante en France et la République, telle du moins qu'elle y fut introduite et qu'elle y est encore comprise par les républicains de la vieille école, une périlleuse utopie, je voudrais voir la Chambre tailler à la nation souveraine un peplum neuf qui, sans être un manteau royal, ne fût pas une carmagnole.

Comme on peut déjà le prévoir, ce

n'est pas à une novation chimérique mais seulement à une sage modification du régime actuel que tendront mes conclusions. Aller plus loin serait une imprudence. Le terrorisme n'a pas désarmé, et un récent enseignement nous a cruellement appris combien il est dangereux de changer de drapeau sur le champ de bataille. Toute différence gardée, la Chambre cependant ne joue pas d'autre jeu. A trop rêver des affaires du roi, elle oublie celles de la chose publique, et, sans vouloir mal parler des *Mottu*, sans doute ils seraient moins nombreux dans nos Conseils municipaux et autres si, au lieu de tant s'occuper de la question du pas entre la branche aîné et la branche cadette, nos députés avaient songé plus tôt à réviser la loi électorale.

Cette question du pas, puisqu'elle dure encore et revient de plus belle, je vais la prendre de plus haut, et, laissant de côté le débat de famille qui rappelle un peu trop la peau de l'ours et le chasseur, des personnes je remonterai aux principes, et c'est par leurs effets que j'instruirai les causes.

La vérité en ceci étant d'utilité majeure, je la dirai tout entière aux républicains comme aux royalistes, et, avec ceux-ci, je serai d'autant plus à l'aise que leur procès sera le mien propre, ayant autrefois défendu ce que l'imminence du péril me fait aujourd'hui un devoir de combattre. Je subis la rigueur des temps, et ce n'est pas sans quelque regret que je me suis résigné à comprendre que, si glorieux que soient les souvenirs de notre monarchie, toute velléité pour son rétablissement serait intempestive autant que aventureuse.

Ce régime, qui sied si bien aux nations qui commencent ou qui ont discrètement vieilli sans mordre au fruit empoisonné de la science révolutionnaire, ne saurait convenir aux tendances positives des peuples avancés, et, chez nous, quatre épreuves sanglantes, quatre révolutions, en moins de cent ans, en ont affirmé l'incompatibilité avec notre tempérament turbulent et frondeur.

Si grande cependant que soit la dépravation politique de notre société moderne, il serait injuste de lui refuser le bénéfice des atténuations inhérentes au principe même contre lequel elle est en révolte. Outre que, par la fortuité des naissances souveraines, le dogme héréditaire blesse la dignité humaine et l'asservit fatalement au vice comme à la vertu, aux forfaits de Néron comme aux hauts faits d'Octave, par ses prétentions à la perpétuité, *semper Augustus*, il empiète sur les droits des générations à venir, et, à ce double titre, son action est à la fois anormale et abusive.

⁂

Une négation non moins péremptoire de la monarchie et notamment de la monarchie parlementaire qui est encore l'arche sainte des rhéteurs et des avocats, c'est l'antagonisme qu'elle crée entre l'autorité dont elle est la représentation et la liberté qui, sous cette forme de gouvernement, est la garantie du peuple. Naturellement chaque partie exagérant sa chose, une lutte s'en suit qui aboutit inévitablement au triomphe également détestable de l'anarchie ou de la dictature.

⁂

Le mode électif, qui, réglé avec une sévère prudence, amènerait l'avénement du plus digne, me semble plus légitime, et je ne vois pas bien en quoi il serait moins aimé de Dieu ou, si l'on veut, de droit moins divin. Ce n'est pas que j'ignore les excès odieux dont, à ses diverses apparitions, s'est rendue coupable la République qui, jusqu'ici, en a été chez nous la déplorable manifestation, mais, en même temps que je les flétrirai sans ménagement, j'en signalerai la cause, espérant ainsi réhabiliter le principe chrétien de la démocratie et dégager sa solidarité de l'erreur qui le compromit.

•—•

Au début, je tiens à le constater pour la mémoire des hommes de 89, l'erreur précéda le crime, et cette erreur, dont la persistance semble une expiation, trouve presque son excuse dans les circonstances où elle se produisit. On s'explique, en effet, qu'au lendemain du bon plaisir et des scandales de toute sorte du règne de Louis XV, les fondateurs du droit nouveau, ivres de liberté et affolés d'une conquête aussi précieuse, aient cru pouvoir en faire la base de leur gouvernement. Immense faute, dont les terribles conséquences ne se firent pas longtemps attendre : 93 suivit de près 89, comme après 1848 vinrent les journées de juin, et la Commune après le 4 septembre; mêmes causes, mêmes effets.

En pleine émancipation, dans l'administration d'un peuple par lui-même, l'ordre seul doit être l'objectif et la base de toutes les institutions. La liberté c'est le vide, et on ne bâtit pas en l'air ; tandis que l'ordre est de granit, car il comprend tout ce qui dure, le devoir, la morale et la foi.

Encore de nos jours, la vieille République, dont la Commune n'a été qu'une aggravation, a nié tout cela, et c'est en son nom qu'à Paris, trois mois durant, on a égorgé les prêtres, pillé nos caisses et les églises, scié la colonne et fait flamber nos monuments dont les lueurs éclairaient les bivouacs ennemis. Hideux spectacle offert au roi Guillaume par les histrions que, en châtiment de ses caprices, la reine du goût s'était donnés pour maîtres et qui, leurs sacriléges accomplis, s'enfuirent par la loge royale.

Ainsi entaché à nouveau, le mot république, héroïque dans l'antiquité et aujourd'hui encore honorable et respecté chez des peuples amis, n'est plus chez nous qu'une appellation lugubre, et si, par insouciance ou pauvreté de notre langue politique, l'Assemblée de Versailles a cru pouvoir s'en contenter, la démocratie chrétienne, dont cet écrit n'est qu'une faible voix, le repousse et le dénonce comme un symbole flétri.

***

Il est, en effet, de telles atrocités dont l'infamie s'étend jusques aux noms qui les rappellent. Sans remonter aux scélérats insignes qui sont restés sans homonymes, Robespierre et Marat ne figurent pas davantage sur notre état civil, et j'ai peine à comprendre que la République, qui enfanta ces ogres sanguinaires, n'ait pas été frappée du même stygmate. Un gouvernement qui, en trois-quarts de siècle, a amoncelé plus de ruines et fait verser plus de sang que notre antique monarchie dans toute sa durée, qui a, pour dates extrêmes, la tour du Temple et la Roquette, et, pour exploits, le massacre des septembriseurs, l'assassinat des otages et l'incendie de Paris, ce gouvernement sinistre et maudit, sous peine de disparaître tout entier dans les flammes qu'il alluma, doit se régénérer et laver ses taches de sang et de pétrole dans un nouveau baptême.

⁂

Président de la République, ministres de la République, M. Thiers, malgré son illustration, MM. Victor Lefranc, de Rémusat et leurs collègues, malgré leur honorabilité, seraient toujours revendiqués par cette fraction du peuple improductive et avide qui ne peut se déshabituer de penser que la République signifie l'abolition de la propriété, le règne de la licence et la satisfaction de toutes les convoitises.

⁂

Pour en finir avec ces équivoques qui troublent les hommes de paix et paralysent les affaires, conservons la liqueur épurée et changeons l'étiquette.

Appelons-nous RÉGENCE NATIONALE. Par sa teneur complexe cette dénomination répond aux éléments qu'il importe de fusionner. Régents et nationaux, ne formons plus qu'une famille, n'ayons plus qu'un drapeau, le drapeau de la France avec cette devise : *Devoir et sacrifice.* Unis par le malheur dans l'amour du pays, nous vaincrons dans ce signe. Mais ce n'est pas assez que de changer de nom, il faut aussi changer la base de notre système gouvernemental. En place de la liberté, donnons-lui l'ordre pour assises, et sur ce terrain solide, sur ce drap d'or immaculé que les conservateurs, à quel parti qu'ils tiennent, se hâtent de s'accorder pour faire face à l'ennemi commun, l'hydre à deux têtes, la Commune et l'Internationale.

Pour étreindre le monstre, il faut plus

qu'une main royale, plus qu'une serre d'aigle, il faut l'union de tous ceux qu'il menace. Il faut traquer la bête à son point de départ et couper au plus tôt le mal à sa racine. Le mal est dans nos mœurs et nos coutumes publiques, il faut les réformer. Il faut inaugurer et, à tout prix, mettre en honneur les vertus qui nous manquent, le respect du pouvoir et le patriotisme. De celui-ci je m'en inquiète moins, la haine y pourvoiera. Quant à l'autre, comment pourrions-nous l'avoir, alors que dans nos cours publics, dans nos livres, dans nos journaux et jusques en pleine Académie, c'est le contraire qu'on enseigne.

Depuis Guignol [1] jusqu'aux plus grands théâtres c'est toujours la même rengaine, le gendarme battu, la révolte

[1] Théâtre de Marionnettes à l'usage des bébés du grand monde.

glorifiée et tout cela applaudi, encouragé par ceux-là mêmes qui, les premiers, en devront pâtir. C'est si joli de voir rosser le guet, mais ce qui est moins gai, c'est d'être rossé soi-même lorsque le guet a disparu.

⁂

Mais, dira-t-on, ce sont là jeux d'enfants. Et ce jury d'honneur, qu'on élabore en ce moment pour soustraire les attentats de la presse à la justice commune des tribunaux correctionnels, n'est-ce pas une inconsciente excitation aux plus coupables entreprises? Nous avons aboli les priviléges de la noblesse qui, en somme, n'étaient que la récompense abusive de la vaillance et de l'honneur, et voici que nous nous évertuons à en instituer de nouveaux pour les pires délits, le banditisme littéraire.

⁂

Assez de ces insanités; il est temps

de revenir à la pratique du bon sens. L'autorité démocratique, qui est l'assentiment de tous, est sacrée à ce titre: *vox populi vox Dei*. Pour elle, comme pour les choses de Dieu, il faut faire revivre la loi du sacrilége, ainsi qu'elle existait à Rome, Rome antique, s'entend, *Diis et patriæ*. Livres, déclamations, almanachs ou journaux, il faut sévir contre toute œuvre hostile à la morale ou à l'ordre public, et, jusque dans la Chambre, démoder et flétrir ces proférations scandaleuses, cette manie rebelle qui, sous le nom d'opposition, est presque devenue une fonction parlementaire.

L'opposition dont le contre-poids serait d'or si elle était bienveillante et désintéressée, par ses qualités le plus souvent contraires, est chez nous un véritable fléau. Elle ne respecte rien, ne tient compte de rien et son ardeur stérile consiste à pousser aux abîmes. Pour quelques fois qu'elle rendit service, on compterait par centaines ses méfaits sociaux, et on serait effrayé, si on pouvait voir entassés, montagne titanesque, les débris dont elle a jonché notre sol. Aimée de la foule qu'elle abuse, le peuple n'a pas de plus cruel ennemi. Elle l'opprime, elle l'affame, les grèves sont ses jeux, et la guerre civile n'arrête pas ses convoitises. C'est elle qui donna le vertige à l'Empire, prit la France d'assaut, la joua sur un dé, et, après comme avant, fut peut-être la seule cause de nos maux actuels.

Croit-on, par exemple, que sans l'attitude menaçante des bandes de Belleville, à l'annonce de nos premiers revers, l'Empereur serait allé, contre les règles les plus élémentaires de la stratégie, se faire acculer à Sedan? Comme le voulait Mac-Mahon, l'héroïque vaincu, l'armée de Châlons, libre de cette influence, se serait portée sur Paris, et il est probable que si l'ennemi l'y eût suivie, elle l'aurait empêché de rapprocher ses batteries de siége aussi facilement qu'il put le faire.

Sans vouloir, par ces considérations, affranchir aucune responsabilité, les hauts commandements impliquant le génie qui brise les obstacles, qui sait si Bazaine lui-même ne serait pas aujourd'hui un héros sans la nuit du 4 septembre, et si l'armée de Metz, humiliée et livrée sans combat, ne camperait pas victorieuse sous les murs qui lui servirent de prisons.

Revenant à mon sujet qui n'est autre que le bilan de nos fautes et le programme de notre régénération, j'ajoute que le premier soin de la Chambre doit être de refaire nos lois politiques, lois athées et révolutionnaires. Il faut, au plus tôt, démasquer et mettre à nu ce libéralisme empirique, cette complicité des faux gouvernements. Il faut, dans l'intérêt du peuple qui travaille, brûler sur la place pnblique les lois des grèves et des clubs, écoles d'indiscipline, repaires impurs de la paresse et de la philosophie avinée. Il faut enfin, et une fois pour toutes, faire justice du droit de tout dire qui comporte celui de tout faire.

De toutes les aberrations de notre époque, aucune ne témoigne plus de notre aveuglement et de notre déchéance morale que la liberté de la presse, ce qui équivaut à dire de la mauvaise presse. Surveiller la vente de la morphine et de l'arsenic et laisser débiter à tous les coins de rue les poisons de l'intelligence et du cœur, n'est-ce pas avouer qu'on a moins de souci de l'esprit que des sens, de l'âme que de la matière? Religion, patrie, l'autorité, la justice, on laisse outrager tout ce qui est respectable ou saint, et, quand vient le jour des grandes épreuves, on s'étonne de se trouver en présence de générations insoumises, sans patriotisme et sans foi.

Autant vaudrait s'étonner de voir les hommes d'ordre battus au scrutin, lorsqu'à Paris, dans les grandes villes et déjà dans beaucoup de centres moyens, ce sont, à raison de deux ou trois contre un, les intrus qui nomment, et les agents de l'Internationale, de Karl-Marx, un prussien, qui maîtrisent les élections.

Avec la loi électorale telle qu'elle est, je ne craindrais pas de prédire qu'avant dix ans d'ici, morts ou vivants, eux ou leurs bustes, les Pyat et les Blanqui, présideraient une dernière fois à l'anéantissement de la France.

Le suffrage universel est cependant si corruptible et si décevant, la loi est si mauvaise que ceux-là même qu'elle semble le plus favoriser sont les premiers à la répudier, et la Chambre, en la révisant, aura la bonne fortune de ne mécontenter personne. Pour la rendre meilleure, il faut moraliser le vote, et du droit de suffrage faire la récompense de certains devoirs accomplis, en tête desquels, après le service militaire, doit être inscrit le mariage qui, surtout dans les classes hautes, ramènerait la jeunesse au culte de la famille.

D'autres conditions ne sont pas moins indispensables, l'instruction primaire, la résidence réelle et la plus juste de toutes, un cens minimum. Oui, un cens minimum. L'État n'est pas une fiction, c'est une ruche animée, et ceux-là seuls ont droit à en régler les rapports qui y possèdent, au moins, une alvéole. Quant aux déshérités, il faut faire deux parts, les travailleurs et les parasites. Aux premiers, qui sont les surnuméraires du patronat et de la possession, tout bon gouvernement doit une protection ardente et, par des institutions d'épargne et de crédit, son devoir et son intérêt lui commandent de leur faciliter l'accès de la ruche commune. Aux parasites, qui sont les frelons de la ruche, il ne doit que de la tolérance. Surveillés tant qu'ils ne font qu'étaler leur paresse, hors la loi dès qu'ils montrent leur dard.

Ce n'est plus à la mairie, c'est chez le percepteur que désormais on devra retirer sa carte d'électeur, certificat de civisme si elle est la rémunération d'une application laborieuse, et, dans tous les cas, garantie d'un intérêt au maintien de l'ordre qui, sous les gouvernements démocratiques, est le criterium de la vraie liberté, celle qui résulte du respect du droit, de soi-même et d'autrui, et dont les libertés soi-disant nécessaires sont bien plus les ennemies que les sœurs.

Lorsque M. Thiers engagea cette thèse nous étions sous le régime monarchique et sa motion pouvait être opportune. Aujourd'hui, dans l'entière possession de nos droits, on ne saurait assez le répéter, il n'y a de nécessaire que les lois qui préviennent et, au besoin, répriment le désordre d'où naissent les dictatures et dont les fauteurs, à quel mot d'ordre qu'ils obéissent, font acte de mauvais citoyens.

Si inflexibles qu'on fasse ces lois, elles ne sauraient être oppressives pour les honnêtes gens. Un peuple ne se suicide pas, et, quand soi-même on a la main sur la soupape, on ne périt pas faute d'air. L'inverse seul est à craindre, et les Républiques de 1789 et 1848, la Restauration, la monarchie de Juillet et le second Empire, ces autres républiques ou monarchies hybrides, invention apocryphe dont, il y a deux mille ans, on avait dit à Rome : *Et si fieri potest, haud diuturna erit*, tous ces gouvernements, outres gonflées de contradictions et portant la tempête avec elles, n'ont été renversés que pour avoir, de gré ou de force, trop donné au vent et manqué d'unité.

C'est un des enseignements de l'histoire que l'unité, condition essentielle de toutes les harmonies, est aussi une garantie de durée pour les gouvernements. Républiques et monarchies, les vieilles races et les vieilles familles, tout ce qui a eu une longue existence est reconnaissable à ce signe, et, depuis Clovis jusques à Louis XVI, c'est au même principe que, malgré ses anomalies, notre royauté doit de s'être maintenue si longtemps.

Prudence et unité, le régime actuel, de quel nom qu'on l'appelle, n'a pas d'autre règle à suivre dans l'œuvre définitive de sa constitution. Il est le règne de la nation et, de la base au faîte, c'est la Nation, dans son expression la plus vraie et la plus honnête, qui doit gouverner. Puissent nos députés avoir le bon esprit de comprendre qu'elle seule le peut avec succès, parce que, seule, comme pouvoir collectif, elle représente une force efficiente et une autorité morale capables d'imposer à la révolution et de la tenir en échec.

Je sais qu'en exprimant ce vœu je vais à l'encontre des appréhensions de la Chambre à l'égard du régime électif, mais si justifiées qu'elles soient, dans ces appréhensions même je vois un secours providentiel plutôt qu'un sujet d'alarme, car c'est surtout par les mesures énergiques qui en seront la conséquence que la démocratie chrétienne pourra être solidement fondée dans le respect de l'ordre et du devoir.

Dans cette condition, qui est la charte des honnêtes gens, non-seulement elle sera pour les royalistes la meilleure des monarchies, mais dès aujourd'hui même, elle est pour tous l'unique planche de salut et la seule voie hors de laquelle il n'y a que des habiletés et des expédients, et, en fin de compte, des désastres.

Mon cadre étant trop restreint pour formuler ici un projet de constitution, je livre comme simple indication, la combinaison suivante à la sagesse de nos représentants.

Droit de suffrage basé sur la plus rigide sévérité.

Election directe des Conseils municipaux, par tous les ayants droit au vote.

Election des Conseils cantonaux par les Conseils municipaux.

Election des Conseils généraux par les deux Conseils précédents.

Election des députés par les Conseils municipaux, cantonaux et généraux, votant, chacun, dans sa circonscription.

La Chambre constituée délèguerait le pouvoir exécutif dont la durée ne dépasserait pas cinq ans. Il serait confirmé tous les ans et révocable à la majorité des deux tiers des voix.

Un président qui aurait à ce point démérité la confiance de ses commettants serait évidemment impossible.

Il n'y aurait ni Sénat ni Conseil d'Etat, le premier n'étant qu'une superfétation onéreuse, la Commission d'initiative devant suppléer le second.

Quant aux ministres, aux préfets et aux maires [1], ces fonctionnaires, qui forment

[1] Je ne parle pas des sous-préfets parceque, dans ma combinaison, ils devront être remplacés par les maires cantonaux.

l'échelle descendante du pouvoir exécutif, étant de même catégorie, devront avoir même origine, et tant que les ministres ne seront pas élus par la Chambre et les préfets par les Conseils généraux, ce qui serait absurde, il ne l'est pas moins que les Conseils municipaux élisent les maires. Les conflits qui existent entre les préfets *nommés* et un nombre infini de maires *élus* sont là pour condamner l'imprévoyante disposition qui régit actuellement nos municipalités, et si, décidément, nous voulons mettre un terme aux inconséquences qui nous rendent la risée de l'Europe, il faut que les deux manifestations essentielles de notre existence nationale, le pouvoir souverain et le pouvoir exécutif, soient rigoureusement ramenées à l'inflexible loi de l'unité et du bon sens.

A ces modifications près, pour point

de départ, on prendrait la situation actuelle à laquelle il ne serait rien changé.

Sauf les Conseils cantonaux, que j'ai inscrits d'office en place des Conseils d'arrondissement généralement reconnus inutiles, tous les autres rouages sont montés et fonctionnent, et, s'ils se ressentent un peu du vice originel, ils n'en représentent pas moins, à ses divers degrés, la souveraineté nationale dont la permanence se perpétuerait dans tous ses éléments, Conseils municipaux, cantonaux, généraux et la Chambre elle-même, par voie de renouvellement annuel et par cinquièmes. De la sorte, la continuité du pouvoir ne serait pas un seul instant interrompue, et les besoins nouveaux y seraient représentés sans cesse et aussi sans secousse, parce que les élections partielles n'ayant pas d'effet décisif se feraient sans grande émotion au village comme au chef-lieu.

⁂

Jusqu'ici les royalistes, confiants dans leur symbole : *le Roi est mort, vive le Roi!* ont revendiqué le privilége, assurément très-précieux, de l'indissolubilité du pouvoir. En démontrant que cette indissolubilité n'est pas moins compatible avec le régime électif, j'ai eu surtout en vue d'établir un point de plus de similitude et d'union non-seulement entre les monarchistes et les démocrates de France, mais encore entre ces derniers et les monarchies de l'Europe, dont nous devons conquérir l'estime et l'alliance par toute sorte de gages contre la propagande révolutionnaire, le plus sérieux argument contre le maintien de notre gouvernement électif étant son isolement et la peur qu'il inspire.

J'ai fini, mais ai-je rempli ma tâche? Ai-je bien signalé le mal, ai-je bien indiqué le remède? Hélas! j'ai fait comme les médecins au lit de leurs malades, j'ai ménagé les impressions du mien. Toutefois comme d'habitude on ne lit pas jusqu'au bout les écrits de doctrine, je peux le dire ici, dans ce dernier feuillet, le mal est incurable, le remède impuissant. Nous sommes vieux, nous avons près de deux mille ans, et, je le crains, il n'y a rien plus à prétendre pour nous que d'enrayer et ralentir la décomposition. Que nous ayons hâté notre ruine par les débordements de notre vie païenne, le culte du bien-être, l'égoïsme, l'orgueil, cela n'est pas douteux, mais elle était inévitable. Il en est des peuples ainsi que des gens, les intempérants meurent jeunes, les plus sobres et les plus rangés ont aussi leur terme.

Quant à revenir sur nos pas, aux crédulités du vieux temps, aux joies naïves du règne de Henri IV, il n'y faut pas compter, et c'est une erreur de penser qu'avec les éléments qui firent la force et la virilité d'une nation on puisse reconstituer sa jeunesse. Si cela était vrai, contrairement aux lois de la nature, on ne mourrait jamais.

La nature est une transformation incessante, et, loin d'être en opposition avec la loi divine, notre nouvel état social n'est qu'une de ses manifestations de l'avant-dernière heure. C'est une des étapes de notre décadence, et, comme les transitions qui suivront seront encore plus douloureuses, notre intérêt est de nous y maintenir. Acceptons franchement notre situation, et, au lieu de rêver d'un messie blanc ou tricolore qui se perdrait sans nous sauver, travaillons à nous sauver nous-mêmes et à nous rendre dignes de la protection de Dieu, qui mène les Républiques aussi bien que les Royautés.

FOIX, TYPOGRAPHIE ET LITHOGRAPHIE POMIÈS.

www.ingramcontent.com/pod-product-compliance
Lightning Source LLC
LaVergne TN
LVHW020244230826
846091LV00006B/2231
9782011755162